Traumjaeger Quick Reference:
Swedish Pronouns

Related Works

Traumjaeger Swedish: Swedish Pronouns
http://www.traumjaegerlanguages.com/TraumjaegerSwedish/Personal_Pronouns/

The Traumjaeger Quick Reference Series
http://traumjaeger.com/buy/TraumjaegerQuickReferences/

Traumjaeger Quick Reference:
Swedish Pronouns

Sean D. Haeussinger I

Table of Contents

Swedish Personal Pronouns

jag

mig

jag

I

mig

me, myself

du

dig

du

you

dig

you object, yourself

ni

er

ni

you formal, you plural

er

you formal object, yourself formal, yourselves

han

honom

han

he

honom

him

hon

henne

hon

she

henne

her

den

det

den

it common

det

it neuter

sig

sig

himself, herself, itself, themselves

vi

oss

vi

we

oss

us, ourselves

de

dem

de

they

dem

them

man

en

man

one

en

one object

själv

självt

själva

själv

self common

självt

self neuter

själva

selves

varandra

varandra

each other, one another

Swedish Possessive Pronouns

min

mitt

mina

min

mine common

mitt

mine neuter

mina

mine plural

din

ditt

dina

din

yours common

ditt

yours neuter

dina

yours plural

er

eran

ert

erat

era

er

yours formal common

eran

yours formal common

ert

yours formal neuter

erat

yours formal neuter

era

yours formal plural

hans

hans

his

hennes

hennes

hers

dess

dens

dets

dess

its

dens

its common

dets

its neuter

36

vår

våran

vårt

vårat

våra

vår

ours common

våran

ours common

vårt

ours neuter

vårat

ours neuter

våra

ours plural

38

deras

deras

theirs

sin

sitt

sina

sin

his, her, its, their own - common

sitt

his, her, its, their own - neuter

sina

his, her, its, their own - plural

ens

ens

one's own

44

egen

eget

egna

egen

own common emphatic

eget

own neuter emphatic

egna

own plural emphatic

varandras

varandras

each other's

varsin

varsitt

varsina

varsin

one each of our, your, their, one's own - common

varsitt

one each of our, your, their, one's own - neuter

varsina

two or more each of our, your, their, one's own

Swedish
Demonstrative Pronouns

den här

det här

de här

den här

this common

det här

this neuter

de här

these

denna

detta

dessa

denna

this common

detta

this neuter

dessa

these

den där

det där

de där

den där

that common

det där

that neuter

de där

those

den

det

de

den

that common

det

that neuter

de

those

Swedish
Interrogative Pronouns

vad

vad

what?

vem

vems

61

vem

who? whom?

vems

whose?

vilken

vilket

vilka

vilken

which? what? who? - common

vilket

which? what? who? - neuter

vilka

which? what? who? - plural

vilkens

vilkets

vilkas

vilkens

of which? of what? whose? - common

vilkets

of which? of what? whose? - neuter

vilkas

of which? of what? whose? - plural

Swedish Relative Pronouns

som

som

who, whom, that, which

vars

vars

whose, of which

vilken

vilket

vilka

vilken

which, that, who, whom - common

vilket

which, that, who, whom - neuter

vilka

which, that, who, whom - plural

vilkens

vilkets

vilkas

vilkens

of which, of whose - common

vilkets

of which, of whose - neuter

vilkas

of which, of whose - plural

vad

vad

what, that

Swedish Indefinite Pronouns

någonting

någonting

something

någon

något

några

någon

somebody, some common

något

something, some neuter

några

some plural

man

man

one

all

allt

alla

all

all common

allt

all neuter

alla

all plural

båda

båda

both

bägge

bägge

both

få

få

few

mången

månget

många

mången

many common

månget

many neuter

många

many plural

var

vart

varje

var

each common

vart

each neuter

varje

each

somlig

somligt

somliga

somlig

some common

somligt

some neuter

somliga

some plural

endera

ettdera

endera

either common

ettdera

either neuter

någondera

någotdera

någondera

some one, either - common

någotdera

some one, either - neuter

ingendera

intetdera

ingetdera

ingendera

no one, neither - common

intetdera

no one, neither - neuter

ingetdera

no one, neither - neuter

ingen

inget

intet

inga

ingen

no one, none - common

inget

no one, none - neuter

intet

no one, none - neuter

inga

no one, none - plural

ingenting

ingenting

nothing

Lists of Swedish Pronouns

Personal Pronouns

jag	vi
mig	oss
du	de
ni	dem
er	man
han	en
honom	själv
hon	självt
henne	själva
den	varandra
det	
sig	

Personal Pronouns

jag
I

vi
we

mig
me, myself

oss
us, ourselves

du
you

de
they

ni
you formal, you plural

dem
them

er
you formal object, you plural

man
one

han
he

en
one object

honom
him

själv
self common

hon
she

självt
self neuter

henne
her

själva
selves

den
it common

varandra
each other, one another

det
it neuter

sig
himself, herself, itself, themselves

Possessive Pronouns

min	hans	vår
mitt	hennes	våran
mina	dess	vårt
din	dens	vårat
ditt	dets	våra
dina	sin	deras
er	sitt	varandras
eran	sina	varsin
ert		
erat	ens	varsitt
era	egen	
	eget	varsina
	egna	

Possessive Pronouns

min
mine common

mitt
mine neuter

mina
mine plural

din
yours common

ditt
yours neuter

dina
yours plural

er
yours formal common

eran
yours formal common

ert
yours formal neuter

erat
yours formal neuter

era
yours formal plural

hans
his

hennes
hers

dess
its

dens
its common

dets
its neuter

sin
his, her, its, their own - common

sitt
his, her, its, their own - neuter

sina
his, her, its, their own - plural

ens
one's own

egen
own common emphatic

eget
own neuter emphatic

egna
own plural emphatic

vår
ours common

våran
ours common

vårt
ours neuter

vårat
ours neuter

våra
ours plural

deras
theirs

varandras
each other's

varsin
one each of our, your, their, one's own - common

varsitt
one each of our, your, their, one's own - neuter

varsina
two or more each of our, your, their, one's own

Demonstrative Pronouns

den här

det här

de här

denna

detta

dessa

den där

det där

de där

den

det

de

Demonstrative Pronouns

den här
this common

det här
this neuter

de här
these

denna
this common

detta
this neuter

dessa
these

den där
that common

det där
that neuter

de där
those

den
that common

det
that neuter

de
those

Interrogative Pronouns

vad

vem

vems

vilken

vilket

vilka

vilkens

vilkets

vilkas

Interrogative Pronouns

vad
what?

vem
who? whom?

vems
whose?

vilken
which? what? who? - common

vilket
which? what? who? - neuter

vilka
which? what? who? - plural

vilkens
of which? of what? whose? - common

vilkets
of which? of what? whose? - neuter

vilkas
of which? of what? whose? - plural

Relative Pronouns

som

vars

vilken

vilket

vilka

vilkens

vilkets

vilkas

vad

Relative Pronouns

som
who, whom, that, which

vars
whose, of which

vilken
which, that, who, whom - common

vilket
which, that, who, whom - neuter

vilka
which, that, who, whom - plural

vilkens
of which, of whose - common

vilkets
of which, of whose - neuter

vilkas
of which, of whose - plural

vad
what, that

Indefinite Pronouns

någonting	mången	någondera
någon	månget	någotdera
något	många	ingendera
några	var	intetdera
man	vart	ingetdera
all	varje	ingen
allt	somlig	inget
alla	somligt	intet
båda	somliga	inga
bägge	endera	ingenting
få	ettdera	

Indefinite Pronouns

någonting *something*	**mången** *many common*	**någondera** *some one, either - common*
någon *somebody, some common*	**månget** *many neuter*	**någotdera** *some one, either - neuter*
något *something, some neuter*	**många** *many plural*	**ingendera** *no one, neither - common*
några *some plural*	**var** *each common*	**intetdera** *no one, neither - neuter*
man *one*	**vart** *each neuter*	**ingetdera** *no one, neither - neuter*
all *all common*	**varje** *each*	**ingen** *no one, none - common*
allt *all neuter*	**somlig** *some common*	**inget** *no one, none - neuter*
alla *all plural*	**somligt** *some neuter*	**intet** *no one, none - neuter*
båda *both*	**somliga** *some plural*	**inga** *no one, none - plural*
bägge *both*	**endera** *either common*	**ingenting** *nothing*
få *few*	**ettdera** *either neuter*	

Printed in Great Britain
by Amazon